AF240348

DU
JOURNAL DES DÉBATS

ET DE LA

DÉCLARATION DU 23 JUIN 1789.[*]

Suivant le *Journal des Débats*, du 26 novembre dernier, la *Gazette de France* ne cesserait de rappeler, *à tout propos*, la célèbre déclaration lue par le garde des Sceaux, M. de Barentin, dans la séance royale du 23 juin 1789. Certes, il n'est aucun des lecteurs de la *Gazette de France*, dont les doctrines politiques sont, quoi qu'en puissent dire nos feuilles révolutionnaires, celles de tous les vrais amis des Bourbons et de la Charte, qui ait vu que la déclaration du 23 juin fut rappelée, dans ce journal à tout propos, ni hors de propos. Ils n'ont pas vu non plus qu'on y ait dit comme l'ont prétendu Messieurs des *Débats*, que la Charte était *tout entière* dans la déclaration, qu'elle n'y avait *rien ajouté*, ni *rien ôté d'essentiel*; mais tout le monde a pu voir qu'on y a avancé avec raison, et soutenu, à divers reprises, que, sauf les modifications apportées par vingt-

[*] Cette importante question, dont tous les journaux de Paris se sont occupés pendant plus de huit jours, et qui leur a servi de prétexte pour attribuer au ministère actuel l'intention de *renverser la Charte*, n'a pas eu l'avantage d'exciter le zèle de MM. les rédacteurs de la *Gazette de Lyon*. Tranquilles spectateurs du combat, au lieu de s'empresser de descendre dans l'arène, ils ont sans doute pensé que la cause de la vérité n'avait pas besoin d'être défendue, et que quelques *jeux de mots*, séparés par *trois étoiles*, suffisaient pour assurer le triomphe des saines doctrines politiques.

cinq années de révolution, le type de la charte se retrouvait très-exactement dans le fameuse déclaration que repoussèrent avec tant d'insolence Mirabeau et ses coupables auxiliaires. Cette opinion de la *Gazette de France* n'est pas nouvelle; la *Gazette universelle de Lyon* l'avait en quelque sorte émise, en 1828, dans un article où il était rendu compte de l'ouvrage de M. Antoine de Saint-Gervais, intitulé : *Histoire des émigrés français;* M. Delbare, en 1815, avait exprimé le même sentiment dans ses *constitutions révolutionnaires en opposition avec la volonté générale de la nation;* enfin, au mois de juillet de cette même année, l'auteur de la *réponse d'un cultivateur du département du Rhône à l'auteur de la lettre d'un Français au Roi*, disait formellement :

« Quels vœux formaient les Français en 1789? ils dé-
« siraient des améliorations dans l'ordre administratif
« et dans l'ordre judiciaire, l'égale répartition et le
« libre consentement des impôts, l'égalité des droits
« civils et politiques, la liberté individuelle, la liberté
« de la presse, la responsabilité des ministres, l'in-
« violabilité du secret des lettres : voilà ce que les
« Français demandaient à cette époque, ce que con-
« tenaient les cahiers des bailliages et des sénéchaus-
« sées du royaume, et ce que Louis XVI s'empressait
« d'accorder par sa mémorable déclaration lue dans
« la séance royale du 23 juin. La nation voulait une
« *réforme*, et les mandataires du peuple, infidèles au
« vœu de leurs commettans, ont fait une *révolution.* »

Le *Journal des Débats*, que jamais rien n'embarrasse, assure que la déclaration du 23 juin fut le *signal* et le *triste avant-coureur* de la révolution, et il trouve que le *but secret* de cette déclaration, où, suivant lui, le Roi, *cédait beaucoup* et la Cour *le moins qu'elle pouvait*, était évidemment de *maintenir à tout prix la séparation des états-généraux en trois ordres*. Toutes les personnes qui connaissent un peu l'histoire de nos malheurs, en 1789, répondront à Messieurs des *Débats*, que le signal de la révolution fut donné le 6 mai, le *lendemain* même de l'ouverture des états-généraux*, et que les hommes qui visaient à cette époque un bouleversement de la monarchie saisirent, pour arriver à leur but, le prétexte de la *vérification des pouvoirs*. Les factieux qui menaient le tiers-état, voulaient que cette vérification fut faite en commun; la noblesse et le clergé, qui sentaient jusqu'où cette dérogation aux principes constitutifs des trois ordres pouvait conduire, s'y opposèrent, et chaque ordre vérifia séparément les pouvoirs de ses membres. ** Le tiers-état eut terminé

---

* Il faut dire ici que les états-généraux s'étaient ouverts sous les plus fâcheux auspices. A la fin d'avril, la maison du manufacturier Reveillon, au faubourg Saint-Antoine, avait été envahie et pillée par un épouvantable rassemblement de populace. Le guet à pied et le guet à cheval ne s'étant pas trouvés assez forts pour dissiper cette multitude de bandits, on avait fait marcher contre eux les gardes françaises et les gardes suisses, avec un train d'artillerie. Afin d'épouvanter les séditieux, on se contenta d'abord de tirer quelques coups de fusils chargés à poudre ; mais la populace, au lieu de se retirer, ayant fait pleuvoir sur les troupes une grêle de pierres et de tuiles, les gardes françaises répondirent par un feu roulant qui tua près de deux cents individus, et en blessa plus de trois cents autres. On prétend qu'après l'émeute, ceux qui portaient les morts sur des brancards, disaient dans les rues aux passans : *Voilà un défenseur de la patrie; citoyens, donnez de quoi l'enterrer.*

** Il est bon que l'on sache encore que, le jour de l'ouverture des états-généraux, après le discours du Roi et celui du garde-des-sceaux,

son opération dans deux jours; commencée seule-
ment le 13 juin, elle fut finie le 15. Plusieurs curés
abandonnèrent leur ordre et vinrent soumettre leurs
pouvoirs à la vérification des communes; ils furent
accueillis par des applaudissemens inouis, et cette
démarche, qui mit tout Paris en mouvement, fixa
l'attention de la France entière.

« Nous sommes prêts à sortir, Messieurs, disait
« Mirabeau à ses collègues du tiers-état, dans la séance
« du 15 juin, du cercle où votre sagesse s'est long-
« temps circonscrite. Si vous avez persévéré, avec
« une fermeté rare, dans un système d'inaction poli-
« tique, infiniment décrié par ceux qui avaient un
« grand intérêt à vous faire adopter de fausses me-
« sures, c'était pour donner aux esprits le temps de
« se calmer, aux amis du bien public celui de se-
« conder le vœu de la justice, et de la raison.... Ce-
« pendant le temps s'est écoulé, les prétentions, les
« usurpations des deux ordres se sont accrues.... On
« a opposé aux vœux du peuple, les vieux préjugés,
« les gothiques expressions des siècles barbares... Il
« faut nous constituer, Messieurs, nous en sommes
« tous d'accord; mais comment ? sous quelle forme ?
« sous quelle dénomination ? en états-généraux, le
« mot serait impropre; vous l'avez tous senti ; il

M. Necker prit à son tour la parole, et qu'il invita les députés de la
noblesse et du clergé à se réunir le lendemain dans leurs *salles respec-*
tives, pour y procéder, *sans délai,* à la rédaction du mode de transac-
tion à passer sur la renonciation de leurs priviléges pécuniaires,
renonciation formellement énoncée dans les cahiers des deux ordres.
Il était donc naturel que les pouvoirs des députés de la noblesse
et du clergé fussent vérifiés séparément, et les prétentions du tiers-
état, à cet égard, n'avaient absolument rien de raisonnable.

« suppose trois ordres, trois états; et certes, ces
« trois ordres ne sont pas ici.... »

Le vicaire général de l'évêché de Chartres, M. l'abbé
Syeyes, avait proposé au tiers-état de prendre la dénomination d'*assemblée des représentans connus et
vérifiés de la nation française*. Mirabeau fit observer
que cette dénomination ne convenait ni à la dignité
ni à la suite des opérations du tiers-état, et à son
tour, il proposa à ses collègues de prendre le titre
de *réprésentans du peuple français*; mais les députés
Mounier, Pison du Galand, Barnave et Rabaud Saint-
Étienne, ne furent point de l'avis de Mirabeau, et,
sur la proposition de M. Legrand, avocat du roi au
bailliage de Châteauroux, le tiers-état décréta, dans
la séance du 17 juin, qu'il se mettrait en activité
sous la dénomination d'*assemblée nationale*. « Cette
« dénomination, dit un de nos plus sages historiens,
« n'eût point occasioné de désordre dans les idées
« et dans les choses, si le tiers-état, en se l'appro-
« priant sans l'intervention de la noblesse et du
« clergé, en déclarant qu'il pouvait être *l'assemblée
« nationale*, sans le secours de ces deux ordres, ne
« les eût anéantis par le fait, et de cette manière
« *révolutionné* la monarchie. Dès ce moment, la
« nouvelle assemblée devint le *législateur suprême*,
« et l'antique souverain n'eut plus d'autre *privilége*
« que celui de *faire exécuter ses décrets.* »

Le 16 juin, Louis XVI, prévoyant où le tiers-état
voulait en venir, se hâta de lui écrire. Dans cette
lettre, le monarque se plaignait de l'expression ré-
pétée de *classes privilégiées*, que le tiers-état em-
ployait pour désigner les deux premiers ordres.

« Ces expressions inusitées, disait-il, ne sont pro-
« pres qu'à entretenir un esprit de division abso-
« lument contraire à l'avancement du bien de l'état,
« puisque ce bien ne peut être effectué que par le
« concours des trois ordres qui composent les états-
« généraux, soit qu'ils délibèrent séparément, soit
« qu'ils le fassent en commun..... Je suis persuadé,
« disait enfin Louis XVI, que plus l'ordre du tiers me
« donnera des marques de confiance et d'attache-
« ment, et mieux ses démarches *représenteront* les
« sentimens d'un peuple que j'aime, et dont je ferai
« mon bonheur d'être aimé. »

Mais il était dans la destinée du malheureux
Louis XVI, de voir se perdre toutes ses paroles. Déjà
la minorité de la noblesse et la majorité du clergé
étaient disposées à passer dans la salle du tiers-état.
Ce fut alors que le gouvernement, afin de rappeler
l'*opinion publique aux pieds du trône*, et pour re-
placer la monarchie dans la *situation où elle était
avant la séance du* 17 *juin*, imagina la fameuse
séance royale du 23. Cette séance était fixée au 22,
et des ordres avaient été donnés pour faire, dans
l'intérieur de la salle, les dispositions convenables.
le 20, de très-grand matin, M. le marquis de Brézé,
grand maître des cérémonies, avait averti M. Bailly,
président de l'assemblée, des préparatifs ordonnés.
Que fit cependant M. Bailly? Il n'informa de rien
ses collègues, et quand, dans la matinée du 20, ils
se présentèrent aux portes de la salle, les trouvant
fermées, ils crurent, ou firent semblant de croire,
malgré l'affiche placardée sur tous les murs, que le
gouvernement voulait dissoudre l'assemblée. Pleins

de cette idée, quelques-uns des députés voulaient que l'assemblée se rendît au château de Marly, où était le Roi, et délibérât sous ses fenêtres; ils essayèrent ensuite de s'établir dans un couvent de Récollets qui refusèrent de les recevoir; enfin ils se rendirent au *Jeu de paume*, où fut prononcé le fameux serment de ce nom, auquel un seul député de la sénéchaussée de Castelnaudary, M. Martin d'Auch, avocat, refusa de souscrire, disant qu'il ne croyait pas pouvoir *jurer d'exécuter des délibérations qui n'étaient pas sanctionnées par le Roi*. L'auteur de l'ouvrage où nous avons puisé ce fait intéressant, dit que le sage et courageux refus de M. Martin d'Auch fut *admiré de tous ses collègues.*

La séance royale, indiquée pour le 22 juin, ne put avoir lieu que le 23. Après le discours du Roi, le garde des sceaux, M. de Barentin, fit lecture de la fameuse déclaration, qui scandalise encore aujourd'hui si fort nos feuilles révolutionnaires, et tout le monde sait l'effet qu'elle produisit sur des têtes qui n'étaient alors remplies que d'idées de violence et de bouleversement. Le fougueux Mirabeau s'emporta contre les *aristocrates*; il trouva, comme Messieurs des *Débats*, que la déclaration n'était qu'une suite de *statuts confirmatifs des priviléges tyranniques de la noblesse et du clergé*; enfin ces expressions du Roi : *Les différens bienfaits que j'accorde à mon peuple*, lui parurent une *insulte* faite à la *nation*, attendu, disait-il, que les *droits du peuple n'étaient pas les bienfaits du prince.* « La déclaration formelle du clergé « de la noblesse, lit-on dans les *Cahiers du*

« *tiers-état* du bailliage de Château-Thierry, pages
« 6, 7, 12 et 13, assure le tiers-état que les deux
« ordres, après avoir renoncé à leurs priviléges pé-
« cuniaires, ne porteront avec lui qu'un même vœu...
« Il désire que ses députés se souviennent qu'ils ne
« sont pas envoyés vers des ennemis dont ils doivent
« braver l'audace et l'orgueil ; mais vers des ci-
« toyens avec lesquels ils vont traiter de la paix et
« du bonheur de la nation.... Enfin il désire que ses
« députés, réunis par le génie bienfaisant du mo-
« narque, écartent avec horreur cet esprit de ver-
« tige et de fermentation, qui, passant rapidement
« de la menace à l'injure, de l'injure à la vengeance,
« a versé le sang des citoyens dans une de nos pro-
« vinces. » Il paraît que Mirabeau n'avait pas lu les
Cahiers du tiers-état du bailliage de Château-Thierry ;
il paraît également qu'ils ne sont pas venus à la
connaissance de Messieurs du *Journal des Débats*,
et peut-être attribueront-ils à la déclaration du 23
juin, le mouvement du *Palais Royal* en faveur des
trente gardes françaises détenus à l'Abbaye, la ré-
volte du 14 juillet, le massacre de MM. Delaunay,
de Flesselles, Foulon et Berthier.

Le *Journal des Débats* affirme que l'idée de la
déclaration du 23 juin, appartient à M. de Barentin
et à la Cour : eh bien, il faut qu'il sache que cette
idée appartient à un homme qui fut long-temps
l'idole du peuple, à un homme dont la mémoire est
encore chère à nos libéraux, à M. Necker enfin ; il
dit que la déclaration est rédigée avec la *morgue
hautaine d'un maître qui émancipe ses esclaves*, et
non avec la *simple majesté d'un bon roi qui s'accom-*

mode aux besoins de ses enfans : eh bien, la rédaction de cette pièce est encore l'ouvrage du même M. Necker, à quelques passages près cependant, et le libéral M. Necker pensait que *céder à la volonté du Roi, ne pouvait être un acte d'humiliation pour personne.*

Le *Journal des Débats*, qui veut que la déclaration du 23 juin ait été l'ouvrage de M. de Barentin et de la Cour, s'est plaint de n'y avoir rien trouvé qui assurât d'une manière positive, explicite, le *retour périodique des états-généraux*, de n'y avoir pas vu que *les états-généraux fussent associés formellement à l'exercice du pouvoir législatif,* et il part de là pour dire que la déclaration n'est qu'une *ébauche,* qu'un *exposé de principes incomplets.* Les plaintes du *Journal des Débats* sont évidemment l'effet de sa distraction, et s'il se fut rappelé la déclaration du Roi, du 27 décembre 1788, laquelle ne doit pas être séparée de la déclaration du 23 juin 1789, il n'aurait pas eu de peine à convenir que la volonté de Louis XVI était :

« 1° Non-seulement de ratifier la promesse qu'il « avait faite de ne mettre aucun impôt sans le con- « sentement des états-généraux; mais encore de n'en « proroger aucun sans cette condition ;

« 2° D'assurer le retour successif des états-géné- « raux, en les consultant sur l'intervalle qu'il fau- « drait mettre entre les époques de leurs convoca- « tions, et en écoutant favorablement les repré- « sentations qui lui seront faites pour donner à ces « dispositions une stabilité durable ;

« 3° De prévenir, de la manière la plus efficace, les

« désordres que l'inconduite et l'incapacité des mi-
« nistres pourraient introduire dans les finances,
« en concertant, avec les états généraux, les moyens
« les plus propres d'atteindre à ce but ;

« 4° Que son intention est que, dans le nombre
« des dépenses dont la fixation est assurée, on ne
« distingue pas même celles qui tiennent le plus
« particulièrement à sa personne ;

« 5° Que Sa Majesté est impatiente de recevoir
« l'avis des états-généraux sur la mesure de liberté
« qu'il convient d'accorder à la presse, et à la publi-
« cité des ouvrages relatifs à l'administration du
« gouvernement, et à tout autre objet public ;

« 6° Que Sa Majesté préfère, avec raison, aux con-
« seils passagers de ses ministres, les délibérations
« durables des états-généraux de son royaume ;

« 7° Enfin que Sa Majesté a formé le projet de
« donner des états provinciaux au sein des états-gé-
« néraux, et de former un lien durable entre l'admi-
« nistration particulière et la législation générale. »

Que signifient, après ce qu'on vient de lire, les
plaintes du *Journal des Débats*? Comment se fait-il
que des publicistes de la force de Messieurs ses
rédacteurs, aient pu oublier la déclaration du
27 décembre 1788, et comment n'ont-ils pas vu que,
dans la déclaration du 23 juin 1789, le Roi disait aux
états-généraux : « J'ai voulu, Messieurs, vous faire
« *remettre sous les yeux* les différens bienfaits que
« j'accorde à mes peuples. Ce n'est pas pour *circons-*
« *crire votre zèle* dans le *cercle que je vais tracer;*
« car *j'adopterai avec plaisir* toute autre vue de
« bien public qui sera proposée par les états-géné-

« raux. Je puis dire, sans me faire illusion, que
« jamais Roi n'en a autant fait pour aucune nation ;
« mais quelle autre peut l'avoir mieux mérité par
« ses sentimens, que la nation française ! » Non,
Messieurs des *Débats*, ce n'est point le *peuple
français*, ce peuple si grand et si bon, qui *n'a
pas voulu*, comme vous avez osé le dire, de la
déclaration du 23 juin : c'est une poignée de *factieux* et de *brouillons* qui l'a *insolemment repoussée*,
et vingt-cinq ans de déchiremens affreux ont été la
peine de l'indigne outrage fait à la majesté royale.

Le *Journal des Débats* dit encore que la *chambre
des pairs* et la *chambre des députés*, consacrées par
la Charte, ne se trouvent pas dans la déclaration
du 23 juin, et il assure que les *formes du gouvernement anglais, qu'appelaient de leurs vœux les
meilleurs citoyens de cette époque, étaient en horreur à toute la Cour.* On peut lui répondre que le
Roi et la Cour ne se trompaient point sur les dispositions des hommes trop fameux qui menaient alors
le tiers-état, et que l'abolition des *prérogatives ho-
norifiques* du haut clergé et de la noblesse, était le
but où ils tendaient. M. de la Luzerne, évêque de
Langres ; M. Champion de Cicé, archevêque de Bor-
deaux, et M. Lefranc de Pompignan, archevêque
de Vienne, pensaient qu'il serait bien de fondre les
deux premiers ordres en un seul ; une foule de
grands personnages adoptait cette manière de voir,
et le Roi lui-même était bien décidé à refuser son
assentiment à toute organisation législative qui ne
serait pas composée au moins de *deux chambres*. Il
était question d'en faire la proposition aux états-gé-

néraux; mais quand on eut acquis la certitude que la majorité du tiers-état, ainsi qu'une partie de la noblesse et du clergé, n'y consentiraient point, et par des raisons contraires, on prit alors le parti de s'en tenir à l'ancienne constitution des états.

Après la célèbre nuit du 4 août, où furent sacrifiés tous les *droits utiles* des deux premiers ordres, quoique les *cahiers du tiers-état* fussent tous d'accord sur le payement d'une *indemnité* *, chacun mit en avant, dans l'assemblée, ses projets de *lois constitutionnelles;* les uns demandaient trois ordres distincts, ayant le *veto* l'un sur l'autre, et la périodicité des états-généraux, avec le droit exclusif de consentir l'impôt, le contrôle de toutes les opérations du gouvernement, et le droit d'accuser les ministres, qu'on devait déclarer responsables; les autres voulaient réduire les ordres à deux, en confondant dans un seul le clergé et la noblesse; le reste de l'assemblée, et l'on peut dire la majorité, était résolu à deux choses, détruire complètement *l'ancien régime*, et empêcher la *formation d'une constitution semblable à celle de l'Angleterre.*

« Peut-être, écrivait, en 1801, un homme plus « ami de la vérité que les journalistes des *Débats*, « les divers raisonnemens qui firent échouer l'éta- « blissement du système anglais, auraient-ils échoué « eux-mêmes, s'ils n'eussent été soutenus que par « leur valeur particulière; mais ceux qui les em-

---

* L'abolition des titres de *duc*, de *marquis*, de *comte*, de *vicomte*, de *baron* et de *chevalier*, ne fut décrétée que dans la séance du 19 juin 1790, sur la proposition de M. le chevalier Alexandre de Lameth, député de la noblesse du bailliage de Péronne, Roye et Montdidier.

« ployaient avaient d'autres moyens d'en assurer
« l'effet. Ils faisaient soulever le peuple contre ceux
« qui voulaient introduire dans la constitution de
« leur patrie des institutions aristocratiques que les
« Anglais voyaient avec peine dans la leur *. Ceux
« qui combattaient pour conserver les trois ordres,
« s'unissaient, en ce point, aux adversaires des par-
« tisans des deux chambres, de manière que ces
« derniers, attaqués par deux partis opposés dans
« l'intérieur de l'assemblée, et à l'extérieur, par des
« cris, des injures et des menaces, se virent dans
« l'impossibilité de faire face. En vain modifièrent-
« ils leur projet en substituant un chambre haute
« de grands propriétaires, sous la dénomination de
« *sénat;* ils ne furent pas plus heureux : le sénat et
« la chambre de représentans proposés par M. Mou-
« nier, au nom du comité de constitution, furent
« repoussés sans ménagement, et pour prouver
« qu'elle ne voulait point entendre parler de ce
« système, l'assemblée ordonna à son comité de se
« dissoudre, et en forma un autre. »

A la tête du parti qui, dans l'assemblée nationale,
voulait fonder une constitution à l'instar de celle
de l'Angleterre, figuraient M. Mounier, comme on

---

* A la tête du mouvement populaire dirigé contre les partisans du
système des *deux chambres,* était un des plus fameux intrigans de Paris,
qu'on appelait le *marquis de Saint-Huruge.* Cet homme, au rapport
des écrivains du temps, était une espèce de rustre, aussi dépourvu de
talent que de courage, et qui n'avait d'autres moyens qu'une voix de
Stentor, un regard audacieux, une grosse face, une grosse tête, un
corps trapu. Aux grossiers discours de ce prétendu marquis, la populace attroupée dans le *Palais-Royal,* applaudissait avec délire ; elle
obéissait à sa voix, se laissait diriger par lui, et menaçait d'assommer
tous les amis des *deux chambres.*

vient de le voir, M. Malouet, M. Bergasse, député de la sénéchaussée de Lyon, M. Le Coutteux de Canteleux, député du bailliage de Rouen, MM. de Cicé, de Pompignan et de la Luzerne, M. le marquis de Bonnay, les comtes de Latour-du-Pin, de Virieux, de Clermont-Tonnerre et de Lally-Tolendal *. A la tête des partisans de l'ancien ordre de choses, étaient M. de Boisgelin, archevêque d'Aix, M. de Bonnal, évêque de Clermont, M. l'abbé Maury et le jeune abbé de Montesquiou; enfin on distinguait, dans les rangs opposés à ces deux partis, le fameux Mirabeau, Robespierre, Pétion, Buzot, Rewbell, Lepelletier-Saint-Fargeau, Target, Bailly, Treilhard, Thouret, Émery, Desmeuniers, Prieur, Barnave, Duquesnoy, Le Chapelier, Duport, Regnaut de Saint-Jean-d'Angély, Muguet de Nanthou,

---

* M. le comte de Clermont-Tonnerre reçut dans le temps une lettre anonyme ainsi conçue : « L'assemblée patriotique du *Palais-* « *Royal* a l'honneur de vous faire part que si la partie de l'aristocra- « tie, formée par une partie du clergé, par une partie de la noblesse « et cent-vingt membres des communes, ignorans ou corrompus, « continue de troubler l'harmonie et veut encore les *deux chambres* et « la *sanction absolue,* quinze mille patriotes sont prêts à *éclairer* leurs « châteaux et leurs maisons, et les vôtres particulièrement, Monsieur.»

Une note anonyme, adressée aux secrétaires de l'assemblée nationale, contenait ces paroles : «Vos maisons répondront de votre opinion, « et nous espérons que les anciennes leçons recommenceront; songez- « y, et sauvez-vous. »

M. le comte de Lally-Tolendal reçut aussi un écrit du même genre. «Nous sommes actuellement, y était-il dit, au moment décisif « de la liberté française. Instruits que plusieurs membres de l'assem- « blée nationale s'appuient sur différens articles des cahiers, les ci- « toyens, réunis au *Palais-Royal*, pensent qu'il est temps de les « rappeler, de les révoquer; et puisque la personne d'un député est « inviolable et sacrée, leur procès sera fait après leur révocation. »

le prince de Broglie, les ducs d'Aiguillon, de La Rochefoucaud, de Luynes, de Liancourt, les comtes de Montmorency, de Crillon, de Croix et de Tracy, l'abbé Syeyes, les deux frères Lameth, enfin le général marquis Yves-Claude-Gilbert Mottiers de La-fayette, que nos libéraux veulent bien regarder aujourd'hui comme *la plus ferme colonne* de notre *gouvernement représentatif*. Ah! combien le *Journal des Débats* a montré de sens et de mémoire en accablant du poids de son mépris la déclaration du 23 juin! Quel grand tort elle a eu de ne pas parler d'une *chambre des pairs* et d'une *chambre des députés*, quand on considère à présent quels hommes, au mois d'août 1789, opinaient en faveur de cette forme constitutionnelle, et quels hommes la repoussaient!

Certes, la *Gazette de France* a eu raison, lors-qu'elle a reproché au *Journal des Débats d'incidenter sur les formes*; car enfin, avec le système des trois ordres, comme avec celui des deux chambres, il était également possible, en 1789, d'assurer les *libertés publiques*, et ce qui le prouve, c'est que dans les *cahiers du tiers-état* du bailliage de Gien, il a été proposé de créer un *quatrième ordre*, sous le nom d'ordre des *paysans*, lequel aurait été composé de tous les laboureurs et fermiers de campagne. Que le *Journal des Débats* cesse donc de nous entre-tenir des *prétentions ridicules et vaniteuses* de la noblesse, en 1789; qu'il sache qu'il y avait chez elle, à cette époque, plus d'idées vraiment libérales qu'on n'en saurait trouver chez tous ses rédacteurs et leurs confrères du *Courrier*, du *Commerce* et du *Constitutionnel*, et que, dans les *cahiers de la noblesse* du

bailliage de Mantes et Meulan, on lit ce passage remarquable : « Que les formes humiliantes aux-
« quelles les députés du tiers-état furent assujettis
« dans les états-généraux, soient abolies; qu'il soit
« fortement réclamé contre ces formes, si on tentait
« de les introduire dans les états-généraux; le spec-
« tacle d'un homme à genoux devant un autre
« homme, blessant la dignité de la nature humaine,
« et annonçant entre des êtres égaux par la nature,
« une infériorité incompatible avec leurs droits
« essentiels. »

Nous pensons, au surplus, comme les journalistes des *Débats*, que *l'ère de la monarchie constitution-nelle en France ne doit plus dater parmi nous que de la Charte*; c'est là, comme ils le disent fort bien, le *pacte qui nous lie, peuples et rois*; mais pourquoi Messieurs des *Débats* ne veulent-ils pas se mettre dans la tête que, si les *Bourbons* et la *Charte* leur sont chers, les feuilles royalistes qu'ils ne cessent de poursuivre de leurs injustes attaques, tiennent tout autant qu'eux aux uns et à l'autre? Pourquoi ne veulent-ils pas se persuader que l'étrangeté de leurs doctrines, en corrompant chaque jour les es-prits, nous empêche de jouir en paix du grand bien-fait de la restauration? Pourquoi osent-ils mettre en doute la sincérité des sermens de Reims, et ne semblent-ils croire qu'à demi, de bonne foi, à la loyauté des hommes de la *république, de l'empire* et du 20 *mars?*

Z.